# Freitags Widerstand und die Unterwanderung von Crusoes Vorherrschaft

# Freitags Widerstand und die Unterwanderung von Crusoes Vorherrschaft

**Eine Studie der Postkolonialismus-Forschung zu Daniel Defoes *Robinson Crusoe***

Wolfgang Streit

© 2014 Wolfgang Streit
Alle Rechte vorbehalten

Herstellung und Verlag:
BoD - Books on Demand, Norderstedt

Umschlaggestaltung, Layout und Satz:
Wolfgang Streit

ISBN: 978-3-734735-82-0
Schlagworte:
1. *Defoe, Daniel*
2. *Postkolonialismus-Forschung*
3. *Anglistik*
4. *Literaturgeschichte*
5. *Said, Edward W.*
6. *Bhabha, Homi K.*
7. *Spivak, Gayatri C.*
8. *Kolonialismus*
9. *Kannibalismus*
10. *Mimikry*

Eigennamen

Paradigma der Kolonisierung

Die Legitimation der Versklavung

Freitag: Die widersprüchliche Aneignung des anderen

Die symbolische Revolte Freitags

Die erste Fassung dieser Abhandlung erschien als Kapitel D ii in:

Streit, Wolfgang. 2014. *Einführung in die Postkolonialismus-Forschung. Theorien, Methoden und Praxis in den Geisteswissenschaften.* Norderstedt: BoD.

**Abstract:**

*Despite the general view of* Robinson Crusoe *as a manifesto for colonial empowerment this paper in the German language shows that the text in fact exposes the paradigmatic self-affirming colonial subject as inherently instable. It does so not only by the initial perforation of Crusoe's name, but also by failing "pro-imperialist apology" – according to Edward Said's idea of contrapuntal reading – aimed at legitimizing Crusoe's supremacy over "his" island, and his power over the main non-Western protagonists, Xury and Friday. Both these parallel cases of subjugation are ridden by almost absurd logical, or economic contradictions exposing the futility at the heart of their mechanics. Also, the presentation of Crusoe's superiority by means of the construction of religious alterity is inconsistent as traces of hybridization within the Christian creed show. Moreover Crusoe's will to establish his Western language usage as superior backfires when Creolization enters the protagonist's own discourse, and his self-aggrandizing declaration of being master of his island is subverted by antagonistic elements, which he – unsuccessfully – tries to exclude from the realm of humankind – by unconvincingly depicting their cannibal eating habits.*

*Further, "anti-imperialist resistance" according to Said becomes obvious within the text when the visual contrast between Crusoe and colonized peoples – one of the markers of alterity – collapses as Friday acquires phenotypical Western traits and Crusoe develops non-Western features. But it is Friday who symbolically resists colonial power most potently. Far from being only the obedient servant desired by his master he stubbornly refuses to speak English adequately, thus exposing Crusoe's deficiency of authority. But most of all, after years of subjugation, he stages a revolt not only against Crusoe, but – in the name of all colonized peoples – against Western colonists.*

Freitags Widerstand _____ Streit

**Eigennamen**

Im Zentrum von *Robinson Crusoe* (Defoe 1719 / 2001) liegt die Verhandlung der westlichen, abendländischen Identität. Die Hauptfigur des Romans hieß nicht immer Robinson Crusoe. Ihr ursprünglicher Name ist Robinson Kreutznaer (*RC* 5), und erst im Zuge eines Assimilierungsprozesses wird die Figur zum „Helden" des mit mehr als eintausend von Robert Lovett (1991) gezählten Ausgaben vom Ersterscheinen bis 1979 nach der Bibel wohl „am meisten verbreitete[n] und am häufigsten gelesene[n] Werk[es] der Weltliteratur" (Reinhold 1978: 61). Während Daniel Defoe die Namensgebung in *Moll Flanders* gezielt dazu einsetzt, die verschiedenen Identitäten der titelgebenden Figur auszugestalten (Blewett 1989: 8 f), treibt er das Spiel mit dem Namen in seinem ersten Roman bereits subtiler. Der aus Bremen eingewanderte Vater Crusoe übergibt noch seinen deutschen Nachnamen an den Sohn, der dann im englischen York zu der bekannten Namensform anglisiert wird. Dagegen stammt der Vorname Robinson vom Geburtsnamen der Yorker Gattin des Vaters. Damit ist der Name „Robinson Crusoe" defizitär, weil er der Hauptfigur nur Merkmale der Sippschaft und keine der Individualität zuweist, wie es ein Vorname tun würde. Auch muss sich der Ich-Erzähler selbst ins Wort fallen und Zweifel an der Akzeptanz seines Namens einräumen, als er gerade behaupten möchte, dieser Familienname sei allgemein anerkannt: „wir werden jetzt Crusoe genannt; nein, wir heißen uns selbst so" (ebd.). Erst anschließend stellt er fest, dass zumindest seine Gefährten seinen Namen akzeptieren, was aber bei dem notorischen Einzelgänger Crusoe noch nicht viel heißt.

Wer dies als Randaspekt des Romans ansieht, verkennt die mit der Namensforscherin Claire Culleton (1994: 31) grundsätzlich überragende Bedeutung des Namens für die Konstruktion der Identität. Zudem besitzt der Eigenname eine literaturhistorische Dimension: Ian Watt (1957: 18-21) zufolge individualisiert der im 18. Jahrhundert entstandene Roman das moderne Subjekt nicht zuletzt durch dies zentrale Attribut. Daher lesen sich die „onomastischen," also Namens-Perforierungen der Hauptfigur Robinson Crusoe als Signatur der Instabilität des Individuums und von dessen Identität. Sie sind Anzeichen eines Kampfes um Selbstbehauptung, den der Roman im Titel und am Textanfang ankündigt, um ihn in der Handlung auszutragen.

Nach seinem Schiffbruch will Crusoe seinen onomastischen Makel an den Indigenen weitergeben. Dessen Namen als Bezeichnung der ethnischen und familiären Verwurzelung erfragt er erst gar nicht. Stattdessen erweitert er die Praxis von Kolonisten, Inseln den Namen ihres Entdeckungstages zu geben (Liebs 1977: 24) in den zwischenmenschlichen Raum hinein. Der arbiträre Name des Tages der Begegnung zwischen Crusoe und dem späteren Träger des Namenssurrogats markiert die Strategie Crusoes, die Identität des durch die Benennung zum Ding „versachlicht[en]" (ebd.) Indigenen auszublenden und durch die onomastische Neu-Einschreibung für seine eigenen Zwecke zu konstruieren: Mit Seamus Deane (1990: 18) ist „die Namengebung und Umbenennung eines Ortes, die Namengebung und Umbenennung einer Rasse, einer Region oder einer Person ebenso wie alle Handlungen von ursprünglicher Benennung eine Handlung der Besitzergreifung." Damit symbolisiert die nicht-christliche Taufe auf den nicht-christlichen Name „Freitag" das für den Kolonialismus typische Wechselspiel aus Ausgrenzung und Aneignung. Diese dialektische Krücke dient – als „anderes" Gegenbild – der Abstützung der eigenen, als defizitär ausgewiesenen Identität.

Doch es spielt auch eine Rolle, dass den genannten Defiziten von Crusoes Namen, die er nicht wettmachen kann, ein doppelter Überschuss an Bedeutung gegenübersteht: Der Name „Crusoe" artikuliert die Hybridität des Exilanten. Weil die metonymische Reihung von Familiennamen sich endlos über weitere Namensformen und Verortungen fortsetzen könnte, besitzt die im Titel genannte Hauptfigur eine überindividuelle, symbolische Reichweite. Mit der Deplatzierung und dem nicht zuletzt ökonomischen Mangel qualifiziert der Text Crusoe zum internationalen Archetypen des Kolonisten, dessen koloniale Mission an einem festen, in Besitz genommen Ort mit einem unterjochten anderen als Eigentum, die eigene Mangelhaftigkeit kompensieren soll. Konsequent bestimmen der Nobelpreisträger für Literatur, Derek Walcott (Thieme 1999: 76), und eine der bedeutendsten Postkolonialismus-Forscherinnen, Helen Tiffin (1989: 39), *Robinson Crusoe* – gemeinsam mit William Shakespeares *Der Sturm* – als einen für den Kolonialkontext paradigmatischen Text.

## Paradigma der Kolonisierung

Diese Funktion innerhalb des abendländischen Kolonialdiskurses macht Robinson Crusoe zur bevorzugten Zielscheibe für Revisions- oder Umschreibstrategien wie auch für weitere, verschobene Kolonialphantasien, wie etwa in dem deutschen „Wenderoman" Kruso von Lutz Seiler (2014). Bereits erheblich früher konzentriert sich der Südafrikaner J.M. Coetzee in seinem Romantitel *Foe* (1986) auf die Namensproblematik und verfolgt sie zur biographischen Situation des Autors zurück, denn auch der Name „Defoe" – „Foe" ist der historische Geburtsname des Autors – ist Teil eines Konstruktionsprozesses. Vor allem aber steht bei den verschiedenen Strategien des Um- und Neuschreibens das Verhältnis zwischen Crusoe und Freitag im Vordergrund. Ein Beispiel dafür ist die „konterdiskursive" (Tiffin 1989: 44) Inversion durch Samuel Selvon. In dem 1975 ersterschienenen Roman, *Moses Ascending* (1984), stellt Selvon dem Trinidader Moses, der aus just dem Mündungsdelta des Orinoko stammt, in dem Crusoe strandete, in der Figur Bob einen weißen Freitag als Hausdiener zur Seite und zeigt zugleich, dass sich der Protagonist seines literarischen Bezugstexts bewusst ist (Morris 1984: xiv).

Mit Bezug zu *Robinson Crusoe* thematisiert den Kolonialismus eine Vielzahl anderer Texte von Jean Giraudoux, Michel Tournier, Charles Martin, Elizabeth Bishop, Derek Walcott oder A.D. Hope (Keane 1997: 116) weitere Strategien. Tatsächlich sieht es Shannon Reed (2012: 155) als Gemeinplatz an, dass Defoes Roman „geschrieben wurde, um umgeschrieben zu werden; ein Forscher habe die Zahl solcher Robinsonaden schon auf 1.500 beziffert. Dazu zählen auch dichterische Bearbeitungen, wie von Derek Walcott

(Corso 2011: 23-27). Daneben existiert eine Vielzahl von filmischen Adaptionen, wie in jüngerer Vergangenheit die Fernsehserie *Crusoe* (Reed 154).

Für Tiffin (1989: 39) liegt der „pädagogische" Anteil von *Robinson Crusoe* an der materiellen Kolonialpraxis darin, die marginale Position der Kolonisierten zu rechtfertigen: „*Robinson Crusoe* war Teil des Prozesses, in dessen Verlauf das Verhältnis zwischen Europa und dessen ‚anderen' " fixiert worden sei, „des Prozesses, in dessen Zug sich Muster für die Lektüre von Alterität durchsetzten und zugleich die ‚Fixiertheit' dieser Alterität einprägte, um so die Unstimmigkeiten von Europas eigenen kognitiven Codes als natürlich hinzustellen." Diese Wirkung erklärt sich aus dem weltliterarischen Rang des Textes mit Übersetzungen in mehr als 20 Sprachen und mit seiner überragenden Bedeutung für die Entwicklung des englischen Romans: Weitgehend herrscht Konsens über die von Ian Watt (1957: 62) vorgebrachte These, dass *Robinson Crusoe* am Anfang des neuzeitlichen Romans steht. Inhaltlich stellt Edward Said (1993: 75) die untrennbare Verbindung zwischen der Hauptfigur des Romans und dem Kolonialismus dar: „Robinson Crusoe ist praktisch undenkbar ohne die Kolonialmission, die es ihm erlaubt, ganz allein eine neue Welt in den entlegenen Weiten der afrikanischen, pazifischen und atlantischen Wildnis zu erschaffen."

Daher verwundert es nicht, wenn auch der in der englischen Kolonie Irland aufgewachsene Literat James Joyce 1912 bei einer Vorlesung in Triest die paradigmatische Funktion des Romans und seiner Hauptfigur betont: „Das wahre Symbol der britischen Eroberung ist Robinson Crusoe. [...] Er ist der wahre Prototyp des Kolonisten, ebenso wie Freitag [...] das Symbol der unterworfenen Rassen ist" (zitiert nach Keane 1997: 114). An dem Gründungstext des Genres der Robinsonade setzt die Literaturwissenschaft jedes ihrer relevanten methodologischen Werkzeuge an. Dass auch der Forschungs-Mainstream seit langem die koloniale Dimension des Textes erkennt, zeigen etwa Dieter Petzolds (1982: 83-89) allgemeine Aussagen zur Wechselbeziehung zwischen Text und Kolonialismus. Daneben belegen die zitierten Äußerungen, dass *Robinson Crusoe* innerhalb der Postkolonialismus-Forschung als zentraler Text gilt. Möglicherweise ist die koloniale Thematik des Romans zu offenkundig, als dass es bislang einem Forscher oder eine Forscherin Wert gewesen wäre, in einer Monographie der feinverästelten erzählerischen Darstellung des Kolonialismus im Detail nachzugehen.

Wenn hingegen die kritische Bibliographie von P.N. Furbank und W.R. Owens (1998) Defoe als einen der fruchtbarsten englischen Autoren ausweist, schärft sie auch den Blick dafür, dass der Autor zu allen wichtigen Themen seiner Zeit Stellung nimmt. Sicherlich besitzt *Robinson Crusoe* mit dem auf einer Insel ausgesetzten Alexander Selkirk ein historisches Vorbild. Doch in *Robinson Crusoe* geht es um weit mehr als die Abschilderung der Abenteuer eines Gestrandeten. Der Roman steht in dem umfangreicheren ideellen Kontext des beginnenden 18. Jahrhunderts und geht aus einer Vielzahl von Quellen und Prä-Texten hervor. Vor diesem intertextuellen Hintergrund arbeitet vor allem Maximilian Novak (2001) nicht nur die gegenseitige Durchdringung von Fakt und Fiktion, von essayistischer und romanhafter Artikulation in der Vorstellung Defoes (538) heraus, sondern auch die enge Verbindung zwischen dem iberischen Kolonialismus Südamerikas und der ersten Robinsonade. Im *Weekly Journal* fordert Defoe im Februar 1719 die Einrichtung einer englischen Kolonie in der Mündung des Orinoko, also an dem Ort, an dem die literarisch beschriebene Insel liegt, auf der Crusoe in dem zwei Monate später erschienenen (Furbank / Owens: 185) Roman Schiffbruch erleidet.

Diese Deckung von essayistischer Forderung und romanesker Einlösung ist ein Grund dafür, den Autor der beiden Texte unter dem Namen der historischen Person Daniel Defoe zu vereinigen, was nach Michel Foucaults (1988) Darstellung des Autors als Funktion seiner Texte alles andere als selbstverständlich ist. Wie Novak (546 f) zeigt, sind die militärischen Vorstellungen von dem Eroberungsfeldzug, die Defoe anlässlich seiner Anweisung zur Kolonisierung und Eroberung äußert, sehr konkret (sechs Kriegsschiffe, viertausend Soldaten, Daten zu den Kosten, etc...). Der Vorschlag Defoes, von dort aus gegen die spanische und portugiesische Kolonialmacht einen Brückenkopf in Guyana zu errichten, beruft sich auf das Vorbild Sir Walter Raleigh.

Dieser journalistisch-essayistische Hintergrund zum Roman macht aus Crusoes Eroberung der Insel und der Verteidigung gegen indigene und europäische Einflüsse eine exemplarische Studie dafür, wie die Vormachtstellung im Wettkampf der Kolonialmächte errungen werden kann. Dem Roman als Ganzem liegt damit der verborgene Versuch zur „Beschriftung" der Insel als koloniales Palimpsest zugrunde, einer Eroberungsstruktur, wie sie etwa in dem 250 Jahre später von Francis Ford Coppola produzierten Hollywood-Film *Apocalypse Now Redux* (2001) zum ausführlich reflektierten Teil der Filmhandlung aufsteigt. In seinen immer wieder geführten Seitenhieben auf die Konquistadoren (Novak 547 f) liefert Defoe auch in dem Roman *Robinson Crusoe* einen Beitrag zu der Debatte über die abweichenden Kolonialstile der „barbarischen" Spanier (*RC* 136) und der „zivilisierteren" Engländer, um die damit etablierte englische moralische Überlegenheit zur ideellen Rechtfertigung von Crusoes Kolonialismus einzusetzen.

Eine der grundlegenden Strategien des Kolonialismus ist die Repräsentation des Kolonisierten als anderen, auch wenn Bhabha (1994: 85-92) zeigt, dass dies Kalkül von den Aporien der Mimikry bedroht ist. Auch ohne dass Crusoe solchen Fremdheitseffekten ausgesetzt wäre und unabhängig von der intertextuellen Subversion durch jüngere postkoloniale Erzählungen, auf die Tiffin den Blick richtet, zeigt bereits der eingangs angesprochene Ausschluss jeglicher Illusion von einer unerschütterlichen, essentiellen Identität der Hauptfigur, dass im Roman selbst die kolonialen Versuche, Andersartigkeit als gleichsam natürlich Gegebenes und Ausschließbares darzustellen, kollabieren. Uneingestanden wohnt die Alterität dem Kolonialismus selbst inne. Die Mustererzählung von der Kolonisierung wird jedoch von weiteren Widersprüchen destabilisiert, die sich vor dem Hintergrund von Edward Saids Konzept des kontrapunktischen Lesens als unfreiwillige Resultate der „pro-imperialistischen Apologie" (1993: 78 f) erklären, wie sie in Kapitel C i der *Einführung in die Postkolonialismus-Forschung* (Streit 2014) vertieft erläutert ist.

## Die Legitimation der Versklavung

Für diese Forderung Saids, die Rechtfertigungsstrategie des Kolonialismus aufzudecken, liefert Homi Bhabha die epistemologische Grundlage: Auch Bhabha (1994: 36 f) fordert, bei der Analyse von kultureller Konfrontation und Unterordnung nicht die Aussagen selbst zum Gegenstand zu machen, sondern gerade deren trügerische Transparenz zu hinterfragen. Dabei solle die Spaltung zwischen aussagendem Subjekt und sprachlich ausgesagtem Subjekt in der Analyse berücksichtigt werden (37). Zwar versehe das historisch evidente Subjekt die Aussage mit einer Zeitlichkeit, aber dieser Anknüpfungspunkt sei ebenso wenig in der Aussage aufzufinden wie im Sprecher. Wie in Kapitel Ciii der *Einführung in die Postkolonialismus-Forschung* (Streit 2014) weiter ausgeführt, stelle dieser „Dritte Raum" der Aussage – als deren Bedeutung – das einheitliche und homogene Konzept von Historie in Frage und markiere stattdessen eine unbewusste Verbindung (36), die sich in der Interpretation berücksichtigen lasse. Die Forderung nach dieser differenzierten Sicht, die den Bedingungen von Sprache Rechnung trägt, kann man einzulösen versuchen, indem man nicht lediglich die Repräsentation der Verhältnisse rekapituliert, sondern den rhetorischen Strategien nachspürt, mit denen diese Repräsentation sich etwa im Verhältnis zwischen Crusoe und Xury sowie Crusoe und Freitag durchsetzt.

Sicherlich zeigen sich bereits auf den ersten Seiten des Romans in das Verhältnis zwischen Crusoe und Xury vor allem der Anspruch und die Durchsetzung der westlichen Herrschaft über das orientalische andere eingeschrieben. Aber bei genauem Blick verbirgt sich hinter dem scheinbar so selbstverständlichen Hegemonialanspruch auch dessen Destabilisierung. Wenn Crusoe seine Besitzansprüche auf Xury auch erst bei dessen Verkauf in die zehnjährige Sklaverei in klingende Münze verwandelt, so legt er doch die Basis dazu lange vorher. Crusoe eignet sich Xury als Ware und später einzusetzendes Tauschgut an, als er ihn bei seiner eigenen Flucht aus dem Piratennest Sallee gleichsam beiläufig entführt. Das Kriterium für eine *gemeinsame* Flucht von *Gleichberechtigten* hatte Crusoe vorher selbst definiert: Dafür komme nur jemand in Frage, mit dem er kommunizieren könne, nämlich „*Engländer, Ire* oder *Schotte*" (*RC* 18). Und auch schon zuvor wird dies Kriterium für allgemeingültig erklärt, als der Kapitän, der Crusoe auf die lukrative Guinea-Fahrt mitnimmt, diesen ebenfalls am Kriterium der richtigen Sprache misst: Den Ausschlag dafür, Crusoe als Messoffizier und Gefährten mit eigenem Handelsrecht an Bord aufzunehmen, gibt dessen Konversation, die „ganz und gar nicht unangenehm" ist (15). Diesem sprachlichen Selektionskriterium genügt der nur fehlerhaft Englisch sprechende Xury nicht. An die Stelle eines Verhältnisses von Gleichberechtigten tritt konsequent ein Befehls- und Besitzverhältnis, das den vermeintlich aus der Sklaverei Befreiten erneut versklavt.

Dies verwundert auch nicht weiter angesichts der Tatsache, dass Crusoe von Piraten überfallen wird, als er sich gerade als Guinea-Händler (16) etabliert hat. Laut *Oxford English Dictionary* ist diese Berufsbezeichnung ein Synonym für „Guinea-Kaufmann," und darunter ist jemand zu verstehen, „der mit Guinea Handel treibt; deshalb ein Sklavenhändler." Mit dieser Spezifizierung von Crusoes Handelstätigkeit erscheint zugleich das Genre des Abenteuerromans, das der Roman begründet, in einem anderen Licht. Denn das „Abenteuer" (Orig.: „adventure," 15) von Crusoe ist nicht nur das Abenteuer, das er zu bestehen hat, sondern auch sein materieller Einsatz im Sklavenhandel, zu dem auch seine Familie ihren Beitrag leistet (16): „ich ging auf die Reise [...] und führte einen kleinen Einsatz [Orig.: „adventure;" *OED* n.; 7.] mit mir." Damit geht die Erfindung des Abenteuerromans nicht zuletzt auf Menschenhandel, in jedem Fall aber, das zeigen etwa die Romane Robert Louis Stevensons und Jack Londons, auf Geldgier zurück. Und tatsächlich bedient sich Crusoe bei seiner Flucht von Sallee der Methoden der Sklavenhalter, als er wie diese Piraten deren umgebautes Boot stiehlt. Schließlich ist auch sein Schiffbruch mit Versklavung auf Basis des Kolonialismus verbunden, denn er erleidet ihn, als er von seiner brasilianischen Plantage aus erneut auf Sklavenkauf in Guinea geht (33).

Das führt zu Crusoes weiteren Strategien, seine Kolonialherrschaft künstlich zu stabilisieren. Zunächst entzieht sich bei der Lektüre die Szene, in der Crusoe bei der Schifffahrt entlang der westafrikanischen Küste einen Löwen angreift und tötet, dem logischen Verständnis: „Dies war für uns in der Tat eine Jagdbeute, aber keine Nahrung; und ich bereute es sehr, drei Ladungen Pulver und Schrot wegen einer Kreatur verloren zu haben, die uns zu nichts nütze war" (*RC* 24). Wenn der Ich-Erzähler ausdrücklich betont, dass Crusoe mit dem Angriff fahrlässig seinen Pulver- und Munitionsvorrat verringert und der Löwe auch nicht als Nahrung taugt, richtet er selbst unfreiwillig das Augenmerk auf den tieferen Sinn des Vorgehens.

Das Fehlen der Logik auf der inhaltlichen Ebene erzwingt geradezu den Blick auf den durch das Erzählte erwirtschafteten Mehrwert, auf den Sinn *hinter* der vermeintlichen Transparenz der Erzählung (Was bezweckt der Autor damit? Welchen Nutzen bringt das Erzählte? Und wem?). Der Zwecklosigkeit der Aktion, wenn nicht gar Schädlichkeit für die eigenen Überlebenschancen in feindlicher Umgebung widerspricht nämlich auch nicht der langfristige Gewinn, der Crusoe aus der Episode zufällt, denn die Möglichkeit, das Löwenfell zu versilbern, kommt unverhofft, und zum Zeitpunkt der Tötung des Löwen gibt es keine Anzeichen für diese Profitmöglichkeit.

Ein Schlüssel zum Verständnis dieser Szene liegt in der Untersuchung der „pro-imperialistischen Apologie" im Sinn von Said (1993: 78 f). Diese Analyse schließt die Forderung ein, zwischen der Ebene des Erzählten (Was wird erzählt?) und dessen tieferer Ursache (Welchem Zweck für die Etablierung oder Absicherung kolonialer Macht dient dies Erzählte?) zu differenzieren. Im Fall der Tötung des Löwen ist die krasse Vernachlässigung der utilitaristischen Erwägungen in einem Text, dessen Hauptfigur vor allem von Zweck-Nutzen-Denken angetrieben wird (Watt 1957: 69), ein solcher Anlass. Das Vakuum im Bereich der Logik deutet auf etwas im Text Präsentes, aber in der historischen Situation des Autors Unsagbares hin. Wenn nämlich zum Verständnis eines Textes das von diesem präsentierte Material nicht ausreicht und der Nutzen von Handlungselementen für den Gesamtzusammenhang eines Textes fragwürdig zu sein oder ganz zu fehlen scheint, so ist die Frage nach dessen Sinn vor dem zeitgenössischen Hintergrund umso naheliegender. Auf der Grundlage der Kenntnis von Defoes oben dargestellter Sicht der Notwendigkeit von Kolonisierung bedarf es nicht der Postkolonialismus-Forschung, um nach der erzählerischen Konstruktion des Individuums zu fragen, doch in ihr hat diese Frage ihren besonderen Ort. Wenn die Antwort auf die Frage nach der Attacke auf den Löwen nicht im direkten Profit liegt, so stößt man mit dem Blick auf ihre *Adressierung* auf zwei andere Erklärungen.

Jenseits von materiellen Zielen oder dem Kampf um das Überleben ist der Angriff auf den Löwen zunächst an Xury adressiert. Er folgt der Strategie, den verängstigten Araber zu beeindrucken und die Hierarchie von Herr und Sklave zu zementieren. Und auch als Crusoe Xury den Gnadenschuss erlaubt, bleibt die Macht des Europäers angesichts der Unterordnung von Xury, der nur auf Befehl handelt („Nun, geh," *RC* 24), unangetastet. Xurys anschließend fehlschlagender Versuch, dem Löwen den Kopf abzuschlagen, und – wegen seiner Unfähigkeit dazu – sein mühsames Abhacken einer Tatze weisen dem Araber in der Erzählung schließlich die Rolle eines hilflosen Jungen zu, der sich, in psychologischer Leseweise, nicht nur selbst unterlegen fühlen muss, sondern zugleich für die Lesenden die Überlegenheit des Großwildjägers kontrastiv zur Geltung bringt. Sein Scheitern selbst bei der bloßen Verstümmelung eines toten Beutetieres krönt die Hierarchisierung zwischen Herr und Sklave mit komischem Bathos. Während sich Crusoes Überlegenheit über den Jungen zunächst durch das Kriterium der Sprache legitimiert, dient damit der asymmetrisch autorisierte und ungleich erfolgreiche Waffengebrauch zur tatsächlichen Durchsetzung dieses Verhältnisses. Die globalstrategische Ausweitung der Herrschaft über fremde Länder ist schwerlich ohne die Kenntnis solcher mikrophysikalischer Regeln des Machtspiels zu verstehen, und zentral dafür ist die Dialektik solcher Herabsetzung und Selbstermächtigung.

Eine solche Sicht auf die Interaktion Crusoes mit den direkt Unterworfenen führt zum Selbstbild der Kolonisten, zu einer Ich-Fiktion die nicht zuletzt notwendig ist, um welthistorisch den millionenfachen Massenmord im Zuge der Versklavung zu legitimieren. Dies Selbstbild, das zeigt nicht nur *Robinson Crusoe*, ist niemals unwidersprochen gültig, sondern stets eine Frage der abgrenzenden Verhandlung der eigenen Identität, die sich mit der fremden messen muss. Und damit ist die zweite Adressierung der Löwen-Tötung angesprochen, nämlich die Etablierung englischer Überlegenheit angesichts konkurrierender Kolonialmächte, zu deren Zweck Crusoe und Xury erzählerisch mobilisiert werden. Die Konkurrenz mit den iberischen Mächten, die Defoe von der Herrschaft auszuschließen bezweckt, ist einer der Aspekte dieser Thematik. Doch bei dieser Analyse der Adressierung darf man nicht stehenbleiben, wenn man Saids Suche nach Hinweisen auf „anti-imperialistischen Widerstand" (1993: 78 f) ernstnimmt. Auch wenn man Crusoe mit James Joyce als Prototyp des Kolonisten sieht, so ist die Überlegenheit damit keineswegs als fixe Bezugsgröße abgesichert. Vielmehr muss sich jeder weitere Text, der sich auf dies Verständnis bezieht, daraufhin befragen lassen, wie schlüssig eine solche, scheinbar transparente Konstruktion der europäischen, insbesondere englischen Überlegenheit in Defoes Roman ist.

Weil der Autor die Instanz ist, die dies Selbstbild für das abendländische Menschenbild abzusichern scheint, muss sich der analytische Blick im Zuge dieser Befragung sowohl auf das *vorher* (eine nicht essentiell vorgegebene Vormacht) als auch auf das *nachher* (die Erzählung von Überlegenheit, Herrschaft, etc.) richten und auf den Prozess des Verankerns kolonialer Macht. Die auffälligen logischen Brüche in *Robinson Crusoe*, gerade an den Stellen, an denen es um die Absicherung der Vorherrschaft geht, funktionieren innerhalb der Textmechanik als abgebrochene Zähne eines Räderwerks der Charakterisierung, als verschlissene Transformationsriemen der Logik und als Schmierstoff, der vom Abrieb des rhetorischen Aufwands schwarz geworden ist. Der Blick in diese scheinbar reibungslos funktionierende, jedoch tatsächlich desolate Mechanik der Rhetorik offenbart ein überfordertes Vehikel zur essentiellen Konstruktion von Überlegenheit. Sobald diese Brüchigkeit des Erzählens und des Erzählten sichtbar wird, erscheint mit der Konstruiertheit der Souveränität auch deren erfolglos überspieltes Fehlen: An den Orten, an denen unterhalb der komplexen und zugleich defizitären Strategie der Überlegenheitskonstruktion die Haltlosigkeit des Erzählten zutage tritt, sabotiert der Text die vom Autor selbst projektierte Kolonialmission.

Um solche rhetorische Konstruktionsmängel zu überspielen, setzt der Erzähler nach der Erlegung des Löwen die Verstümmelung von dessen Leiche ein. Doch damit verschlimmert sich die Unzulänglichkeit der Präsentation: Weil Crusoe seine Rolle als Jäger durch seine Funktion als Regisseur fortsetzt, versagt er gemeinsam mit Xury in dessen jämmerlichem Auftritt. Dadurch werden weitere, leicht durchschaubare erzählerische Versuche zur Absicherung der Überlegenheit Crusoes nötig. So legt der Erzähler ein Gefälle zwischen der Angst und Ignoranz Xurys und Crusoes Kontrolle und Wissen an, als Xury „glaubt," ein Schiff des vorherigen Sklavenhalters habe sie eingeholt, während Crusoe „weiß," dass sie jenseits von dessen Reichweite sind (*RC* 27). Auch diesem aufwändig in den Prozess des Erzählens und in die Handlung eingeschriebenen Merkmal der Überlegenheit Crusoes entspricht jedoch im Roman eine destabilisierende Gegenbewegung. So stellt bereits der Aufenthalt in Sallee die Verteilung der Rollen als rationaler, englischsprechender Herr und emotionaler, des Englischen unkundiger Sklave in Frage.

Dazu wird ebenfalls die Sprache eingesetzt: Zum einen hat sich Xury ein vereinfachtes, kreolisches Englisch angeeignet, in dem er etwa seine Bereitschaft dazu äußert, sich bei einem Landgang für

Crusoe zu opfern: „*Wenn wilde Manns komm, sie essen mich, du gehst 'ort*" (Orig.: „*If wild mans come, they eat me, you go 'wey;*" (*RC* 22). Die Mängel bei Tempus und Modus und die lexikalische Fragmentierung werden jedoch dadurch mehr als ausgeglichen, dass sich die beiden Flüchtenden nur dank Xurys Pidgin überhaupt verständigen können. Zum anderen erkennt Crusoe im Dialog diese linguistische Überlegenheit des Arabers unbewusst an und ordnet sich ihr sogar unter, als er in seiner Antwort die Vokabel „wilde Manns" übernimmt. Und wenn sich anschließend (23) die Kreolsprache sogar in der indirekten Rede bei dem in der Rückschau von Xurys Bericht zeitlich distanzierten Ich-Erzähler durchsetzt, relativiert nicht nur die Figur, sondern auch die Erzählung die mit der englischen Muttersprache verknüpfte Überlegenheit Crusoes. Und dies ist kein Einzelfall. Der Erzähler ordnet sich Xurys Diktion auch unter, als er anlässlich von Crusoes zentraler Machtdemonstration, der Löwentötung, Xurys angsterfüllte Rede von einem schrecklichen Ungeheuer in inkorrektem Englisch aufnimmt (24). Diese wechselseitige Destabilisierung von intendierter Machtdemonstration auf Basis des hegemonialen Englisch und des davon abweichenden empirischen Gebrauchs unterwandert nicht nur Crusoes Autorität, sondern destabilisiert die Abgrenzung der beiden voneinander und auch die durch Sprachzugehörigkeit begründete Überlegenheit Crusoes im Verlauf der Flucht.

Der springende Punkt ist nun nicht, dass Crusoe mit dem von Piraten umgebauten Beiboot des Sklavenschiffes (18, 28) und mit Xury jeweils illegitimen Besitz in sein weiteres Fortkommen investiert und sein Reichtum damit auf Diebstahl gründet. Vielmehr setzt mit der Aneignung des Löwenfells im Zuge der Machtdemonstration eine Zirkulation kolonialer Energie ein, die an Stephen Greenblatts Konzept der Zirkulation „sozialer Energie" zur Shakespeare-Zeit erinnert. Wenn Greenblatt betont, dass sich die Autoren beim Verfassen ihrer Stücke vorgefundene Plots, Konventionen, sprachliche Wendungen etc. aneignen, um sie in Form ihrer Stücke neu ins Spiel zu bringen (1988: 6), so gilt dies im engeren kapitalistischen und im weiteren diskursiven Sinn ebenfalls für Crusoe:

Freitags Widerstand _____ Streit

Ebenso wie das Löwenfell, das Abfallprodukt seiner Machtdemonstration, und das von den Piraten gestohlene Beiboot, sein Fluchtvehikel, möchte sich Crusoe Xury als Resultat seiner Identitäts- und Alteritätsstiftung aneignen, um sie im Raum der Erzählung weiter zirkulieren zu lassen. Doch dieser Versuch der erzählerischen Aneignung Xurys ist ebenso wenig erfolgreich wie die spätere Versklavung Freitags.

## Freitag: Die widersprüchliche Aneignung des anderen

Für das Verständnis der Beziehung zwischen Crusoe und Freitag ist die Darstellung des Ich-Erzählers grundlegend: „er kam immer näher und kniete sich alle zehn bis zwölf Schritte nieder, als Zeichen des Danks dafür, dass ich sein Leben gerettet hatte" (*RC* 161). Dieser Darstellung gehen zwar auch Philologen wie Keane (1997: 113) auf den Leim, aber tatsächlich schildert der Erzähler die Vorgänge alles andere als eindeutig. Freitag wird nach seiner Flucht von drei Häschern verfolgt. Weil er aber deutlich schneller läuft als seine Verfolger, beschreibt der Erzähler seine Chance zu entkommen als sehr gut (*RC* 159). Die Chancen verbessern sich noch an der Bucht auf dem Weg zur Behausung Crusoes, deren Durchquerung einer der Verfolger nicht meistert. Als auch die beiden, die nicht aufgeben, nur halb so schnell schwimmen wie der Verfolgte (160), verbessern sich dessen Fluchtchancen weiter erheblich. Nach dem Gewässer erscheint es daher als beinahe sicher, dass der Fliehende sich selbst retten kann.

Wer den Ereignissen bis zu diesem Zeitpunkt folgt, beurteilt den Plan des Ich-Erzählers, einen Diener zu gewinnen, indem er „dieser armen Kreatur das Leben rettet" (ebd.), nur auf eine Art: Als hanebüchen. Tatsächlich schildert der Erzähler, dass Crusoe dem schon weit Enteilten nachrufen muss, damit dieser überhaupt bemerkt, wie Crusoe ihn „retten" möchte. Und die drei Verfolger müssen mittlerweile so weit zurückgefallen sein, dass Crusoe es sich leisten kann, sich ihnen erst nach diesem Ruf zuzuwenden. Sollte Freitag zu diesem Zeitpunkt überhaupt noch in Lebensgefahr schweben, dann nur dadurch, dass Crusoe ihn entgegen jedem Vorhaben einer Nothilfe anweist umzukehren und seinen Häschern in die Arme zu laufen. Just vor diesem, von Crusoe damit provozierten Schicksal bewahrt ihn der Engländer, als er einen der ankommenden Verfolger niederschlägt und den anderen erschießt. Diese „Lebensrettung" ist in etwa damit vergleichbar, einen Nichtschwimmer ins Wasser zu stoßen und ihm dann ein Seil zu reichen. Sicherlich ist das Hauptmotiv der gewaltsamen Intervention Crusoes auch nicht die Befriedigung seines „psychologischen Triebes" zu töten, wie es Elihu Pearlman (1976: 53) behauptet. Sehr viel pragmatischer hofft er stattdessen, durch die Machtdemonstration den vorher schon erträumten (*RC* 157) willigen Sklaven und späteren Fluchthelfer zu gewinnen und zugleich zu verhindern, dass die Verfolger seine Unterkunft, auf die Freitag zu rannte, entdecken.

Das geringe Interesse der Forschung an der Dynamik zwischen Crusoe und Xury überrascht, weil deren Verhältnis in mehrfacher Hinsicht Vorbild für die Interaktionen zwischen Crusoe und Freitag ist. So demonstriert Crusoe auch gegenüber dem Kariben die Unterwerfung durch den Einsatz der Handfeuerwaffe. Gewährt die Erzählung bereits bei Crusoes Kontakt mit Xury einen kurzen Blick hinter die billigen Kulissen der Überlegenheitskonstruktion des Engländers, so zeigt Pearlman (1976: 44), wie sich Crusoe auch des Respekts von Freitag durch den Gebrauch seiner Schusswaffe versichert. Dies ist eines der Motive bei der „Rettung" des bereits erfolgreich Entkommenen, zeigt sich jedoch erneut, als Crusoe zur Machtdemonstration einen Papagei erlegt: Nach dem Schuss auf den Vogel nötigt er den zu Tode erschrockenen Freitag dazu, das erlegte Tier holen. Der Erzähler gibt die Täuschungsstrategie, die er dabei einsetzt selbst zu, wenn er erläutert, „da ich zuvor sein Unverständnis, was die Waffe anging, bemerkt hatte, nutzte ich diese Gelegenheit dazu, das Gewehr erneut zu laden, ohne ihn sehen zu lassen, wie ich dies tat" (*RC* 167).

Erneut zeigt sich, dass nicht erst moderne Verarbeitungen des Stoffs von *Robinson Crusoe* die vermeintlich so natürliche Unterordnung Freitags unter Crusoe als willkürliche Strategie demaskieren, wie Tiffin es für jene zu Recht betont. Bei genauer Lektüre legt bereits der Text Defoes selbst die Strategie offen, mit der Crusoe seine Überlegenheit abzusichern sucht. Wie bei der Gestaltung der Beziehung mit Xury schleicht sich zudem auch bei der Schilderung der Interaktion mit Freitag unfreiwillig die Tatsache ein, dass, dass die vermeintlich klare Abgrenzung zwischen dem „zivilisierten" Engländer und dem vermeintlich „wilden" Indigenen, die der Text unter anderem durch die Spärlichkeit von Freitags direkter Rede und deren Fehlerhaftigkeit zur Schau stellt, gerade im sprachlichen Bereich nicht funktioniert. Auch anlässlich des Kontakts mit Freitag schleicht sich das kreolisierte Englisch des anderen in Crusoes Rede ein: Als der Engländer Freitag fragt, weshalb er trotz seiner Überlegenheit im Kampf gefangen genommen wurde (*RC* 169), bedient er sich einer grammatikalisch fehlerhafte Sprache. So sagt Crusoe nicht, dass er in Kämpfen stets der Stärkere sei, sondern: „Du kämpfst immer desto besser" (Orig.: „You always fight the better"), eine Formulierung, die der Ich-Erzähler bei Freitags erster Verwendung unmittelbar vorher als falsch kritisiert und korrigiert.

Doch im mindestens ebenso zentralen Bereich der Religion hat die analoge diskursive Unterordnung Crusoes noch gravierendere Folgen, die vor dem Hintergrund von Homi Bhabhas Analyse der Missionierung Indiens (1994: 102-22) sichtbar werden. Obwohl, laut Bhabha, die Missionierten vorgeben, die Bibel zu akzeptieren und sie nicht offen anzweifelten, stellten sie den Missionierungsdiskurs im Zuge ihrer Assimilierung der christlichen Inhalte so subtil in Frage, dass sich darin die Subversion (117) einniste. Die Hybridisierung im Zuge der Missionierung, die als Verzerrung und verunsichernder Verfremdungseffekt verstanden werden kann, unterwandert den machtpolitischen Willen zur Durchsetzung des christlichen Weltbildes und damit auch dies Weltbild selbst. Eine ähnliche Dynamik konstruiert *Robinson Crusoe*.

Während aus englischer Sicht die Missionierung in Kolonien lange keine große Rolle spielt, ändert sich dies in den beiden Jahrzehnten vor dem Erscheinen von Defoes Roman (Todd 2010: 48-57). Vor diesem historischen Hintergrund ist Crusoes Strategie zu sehen, aus Freitag einen Christen zu machen. Bei dieser Bekehrung übernimmt der Erzähler jedoch den Begriff des „Oh-Sagens" für die Anbetung des Gottes von Freitags Stamm, Benamuckee (*RC* 171). Anschließend konstruiert der Erzähler eine Parallele zwischen den

Oowocakee, der Priesterkaste, die in Freitags Stamm zwischen dem Gott und den Gläubigen vermitteln: „Daran erkannte ich, dass es *Pfaffenlist* sogar unter den verblendetsten unwissenden Heiden in der Welt gibt; und das Kalkül, die Religion geheim zu halten, um die Ehrerbietung des Volkes gegenüber der Geistlichkeit zu erhalten, findet sich nicht nur in der römischen, sondern vielleicht in allen Religionen dieser Welt, sogar unter den rohesten und barbarischsten Wilden" (ebd.).

Defoe spielt hier mit der Ambivalenz zwischen der Religion der römischen Antike und dem Römischen Katholizismus. Zunächst erteilt die Gleichsetzung von Katholizismus und Heidentum den von ihm als Puritaner verhassten Katholiken einen Seitenhieb, um anschließend solches religiöses Gebaren mit der institutionalisierten Naturreligion von Freitags Stamm, die im Roman den Kannibalismus einschließt, gleichzusetzen. Damit siedelt er die – selbst für den Angehörigen einer protestantischen Sekte – unleugbar christliche Konfession des Katholizismus auf einer Ebene mit dem Glaubensmodell von Freitags Stamm an. Dabei greift der Text auf die vorherige Einsicht Crusoes zurück, dass die von den – christlichen – Spaniern hingemetzelten amerikanischen Völker „in Bezug auf" (Orig.: „as to;" *OED* „as" *adv.*; B, VIII, 33a) die Konquistadoren „sehr schuldlose Völker" waren (*RC* 136). Doch diese Rhetorik hat einen Nebeneffekt, der auch die christlich-protestantische Religion Defoes ins Mark trifft.

Sicherlich konzentriert sich Crusoe bei seiner Verurteilung auf die nationale Zuordnung der Gräueltaten zu den Spaniern, doch die von ihm etablierte Dichotomie zwischen Heiden und Christen relativiert die Individualisierung von deren Religionen oder Sekten (der römisch-katholischen oder einer der protestantischen) ebenso wie die Nivellierung von Freitags Stamm einerseits und der indigenen Religionen von Azteken und Inkas, die den Spaniern zum Opfer fielen andererseits. Gegen Crusoes Willen richtet sich damit der Vorwurf des Massenmords auch an Puritaner. Hingegen geht der Sprachtransfer bei der Imitation der Rede Freitags durch Crusoe noch weiter, denn er hybridisiert das propagierte christliche Weltbild. Und bei genauer Betrachtung geht die Rhetorik des Erzählers dabei über eine bloß subtile Unterwanderung des hegemonialen Diskurses infolge der Korruption des christlichen Diskurses, wie sie Bhabha in der Rückschau analysiert, hinaus. Wenn sich nämlich der Bekehrer Freitags zeitweilig dem heidnischen Diskurs unterordnet, wechselt die Missionierung trotz aller Diskreditierungsversuche der anderen Religion ihre Richtung.

Damit jedoch nicht genug der Widersprüche: Der Roman lässt auch keinen Zweifel daran, dass die – ungeachtet aller Rückschläge – selbstbewusste Inbesitznahme der Insel alles andere als konsistent ist. Crusoe macht sich die Insel gleichsam entsprechend der alttestamentarischen Sendung untertan. Ganz der Sohn eines Kaufmanns, gegen dessen Werte er sich nur vermeintlich auflehnt, setzt er dazu das Kapital ein, das er aus seinem eigenen Wrack (und später einem weiteren) birgt. Zwar bezieht Crusoe gleich nach der Landung seine „Behausung" (Orig.: apartment) im Baum (RC 40), und der Erzähler bedient sich – etwa im Tagebuch – auch des Ausdrucks der Heimkehr, wenn Crusoe von Ausflügen zurückkehrt, aber erst nach der Erkundung eines Großteils der Insel nennt er das Zelt und die Höhle, wie er ausdrücklich betont, erstmals *expressis verbis* sein „Heim" bzw. (80 f). Der Text nutzt diesen Begriff zur Markierung der kolonialen Inbesitznahme, direkt im Anschluss daran, dass sich Crusoe auch erstmals in Gedanken zum „Herrn und König" der Insel erklärt.

Dabei lässt der Roman keinen Zweifel daran, dass diese Selbstbestimmung Resultat einer Aneignung auf Grundlage des Ausschlusses anderer Anspruchsberechtigter ist. Zwar kommen hier noch nicht die Festlandbewohner ins Spiel, deren ritueller Opferplatz die Insel ist, aber die Präsenz einer zunächst unbekannte Macht erhebt im Roman gegen Crusoes Kolonialpolitik gleich an dem Tag, der auf die Proklamation der Insel als Heimat folgt, gegen seine Kolonialpolitik metonymisch Einspruch: Nur wenige Zeilen nach der Formulierung des Anspruchs auf sein Heim findet er seinen Traubenvorrat „ganz verstreut, in Stücke zertreten und umhergezerrt" vor, „einige hier, einige dort und eine große Menge davon weggerafft und gegessen" (81). Diese arbiträre und im Roman unerklärt bleibende Zerstörung artikuliert den erzählerischen Widerspruch gegen die arbiträre Inbesitznahme von Crusoes Heim als Zentrum seines Kolonialreichs und stellt diese in Frage, auch wenn er, wiederum unmittelbar anschließend (82), mit der Aufteilung in Land- und Küstenhaus seine Kolonie weiter ausdifferenziert, um die in seiner Kolonialherren-Rede erklärte Apotheose seiner Macht vorzubereiten (118).

Wenn dabei auch lediglich Tiere die Untertanen bilden, so übt er damit dennoch die Souveränität ein, die ihm die später – durch Freitag – die Befreiung ermöglicht: „hier war ich, meine Majestät, der Prinz und Herr des gesamten Eilands; das Leben meiner Untertanen unterlag meiner absoluten Verfügung; ich konnte hängen, strecken, Freiheit verfügen und sie vorenthalten, und inmitten all meiner Untertanen [gab es] keine Rebellen" (ebd.). Dadurch, dass Crusoe unermüdlich alle Möglichkeiten ausnützt, die sich ihm auf der Insel bieten, erreicht er den oftmals zitierten Zenit seiner Herrschaft. Diese, mit Petzold (1982: 87 f) gleichsam utopische, weil auf Zustimmung der Regierten beruhende Feier der Macht weist Bezüge zum Modell vertraglich vereinbarter Herrschaft auf, das bei Thomas Hobbes allein den Kampf aller gegen alle verhindern soll.

Doch ebenso wie die Heimatkonstruktion Crusoes in die Heimsuchung umschlägt, mündet diese Apotheose seiner Macht im Text sofort anschließend in deren stärkste Bedrohung und Infragestellung. Nicht nur benennt er inmitten seiner Machtfeier– wenn auch in einem rhetorischen Ausschluss – die Bedrohung durch Rebellen. Vielmehr entdeckt Crusoe unmittelbar anschließend die Fußspur (*RC* 122).

Mit dieser Kontiguität der Ereignisse, die sich auf die Bedeutung der Machtdemonstration auswirkt, macht die Erzählweise deutlich, auf wessen Kosten koloniale Herrschaft reklamiert wird, und dass in der Apotheose die Infragestellung haust. Zudem lässt die sofortige Reaktion auf die Bedrohung, nämlich die Umbenennung seines Heims in „Burg" (ebd.), keinen Zweifel an der Ernsthaftigkeit seiner, mit der Machtergreifung vermeintlich spielerisch artikulierten Bereitschaft zum Einsatz von roher Gewalt bei der Verteidigung des ausformulierten Kolonialprojekts. Und diese Ernsthaftigkeit steigert sich bis zu blutrünstigen Phantasien des Massenmords an der indigenen Bevölkerung (133 f).

Doch nicht erst in Crusoes Reaktion, sondern auch schon in die Fußspur selbst ist der Zweifel an die Spaltung in Ich und andere eingeschrieben, wie sie für den Kolonialismus typisch ist. Die Isolation des Abdrucks eines einzelnen Fußes bricht nämlich den an Defoes Romanen stets betonten weitgehenden Realismus in Anlehnung an René Descartes (u.a. Watt 1957: 12-15) des Romans auf. Wie könnte ein isolierter Fuß einen Abdruck im Sand hinterlassen? Dieser nicht weiter plausibilisierte Einzelabdruck dient der Erzählung dazu, die nachfolgende Zuspitzung anzubahnen.

Dabei ist die von Defoe mobilisierte Erklärung zu möglichen Urhebern der Spur historisch alles andere als überraschend. Die Menschengruppe der Kannibalen, die die Insel aufsucht, ist im abendländischen Roman und besonders im Roman des Kolonialismus als Verkörperung des gänzlich anderen eingebürgert. In diesem Zusammenhang erläutert Hulme (1998: 5 f), Kannibalen verbildlichten in *Robinson Crusoe* ein klar abgrenzbares anderes, das Grenzen vernichte, die das kartesianische Subjekt der kapitalistischen Moderne benötige, um das Gefühl seiner selbst als unabhängiger Einheit zu bestätigen. Doch Stallybrass und White (1986: 191) zufolge bediene sich das bürgerliche Subjekt des „Niedrigen" – beim Kannibalismus in Form des ungezügelten Konsums – zur Identitätsstiftung.

Für diese Identitätsstiftung findet Obeyesekere (1992: 641) die historische und psychologische Erklärung, dass Kannibalismus Teil einer Auseinandersetzung zwischen Europäern und indigenen Völkern sei, in deren Zug sich der gelegentliche Kannibalismus von Seeleuten zur Ur-Fantasie verfestige, die dann in Bord-Erzählungen auf Fremde projiziert werde. Dazu lässt sich ergänzen, dass auch im Roman *Robinson Crusoe* die indigenen Kannibalen ihr Pendant, und damit eine diskursive Quelle, in der Erzählung von kannibalischen Seeleuten besitzen (*RC* 148). Die Gruppe der Seeleute als potentielle Kannibalen erweitert Hulme (1998: 24) um Entdeckungsreisende. Auch deren Rückgriff auf Menschenfleisch angesichts des Mangels an vertrauter Nahrung in Ländern außerhalb Europas sei gut erforscht.

Dennis Todd (2010: 60) spekuliert, dass Defoe den karibischen Schauplatz der Insel wählt, weil die Karibik zu seiner Zeit ein Synonym für Kannibalismus ist. *Robinson Crusoe* nutzt diesen Ort einerseits dazu, die Konstruiertheit der eigenen Identität durch Abgrenzungsversuche bloßzustellen: Dies wird deutlich, wenn der Schiffbrüchige selbst, wie oben dargestellt, die Naturreligion, die für ihn den Kannibalismus einschließt, und die christliche Konfession – wenn auch unfreiwillig – partiell gleichsetzt. Am Rande sei bemerkt, dass im Abendmahl der Leib Christi gegessen und sein Blut getrunken wird. Andererseits zeigt der Text auch im Zusammenhang mit der Fußspur eine alles andere als eindeutige Identitätsstiftung des Kolonisten durch Ausschluss.

Die sich jagenden Erklärungen Crusoes für die Spur halten nicht nur bei Kannibalen als möglichen Urhebern inne, sondern auch beim Teufel. Mit dieser Kontiguität der Erklärungen diabolisiert der Erzähler die Kannibalen und siedelt sie damit am äußersten Extrem des moralischen Spektrums an, um sie nachfolgend durch die Verzerrung empirischer Erkenntnisse zum Kannibalismus noch weiter von zivilisierten Umgangsformen zu entfernen: Wenn Crusoe Freitag erst das Essen von Tierfleisch, aber auch von anderen Lebensmitteln beibringen muss, stellt Defoe Kannibalen – entgegen der zeitgenössischen Schilderung bei Montaigne und Hakluyt, wie Pearlman (1976: 50 f) erläutert – als Volksgruppe dar, die sich *ausschließlich* von Menschenfleisch ernährt. Dies wirklichkeitsferne Essverhalten soll Kannibalen und Europäer ohne den Hauch einer Überlappung strikt voneinander trennen. Doch nicht nur die im Roman reflektierten Bord-Erzählungen zeigen auf, wie hilflos die Versuche sind, Kolonisten und Kolonisierte in zwei grundsätzlich unterschiedliche Gruppen einzuteilen.

Auch die Diabolisierung als Signatur des taktischen Ausschlusses des anderen geht nicht auf. Sie wird bereits durch die von Crusoe ebenfalls erwogene Möglichkeit destabilisiert, dass er selbst die Spur verursacht haben könnte. Zwar versucht der Schiffbrüchige, diese Überlegung sogleich zu relativieren, indem er sie mit irrationalen Geistergeschichten vergleicht. Doch damit verschlimmert er seine Situation diskursiv noch weiter. Wenn er sich selbst mit dem Teufel, mit einem Geist, der in seinem eigenen Reich spukt, und mit den Kannibalen in einem spekulativen Raum wiederfindet, destabilisieren diese Assoziationen seine Herrscheridentität. Todd (2010: 41) kommt in seiner Lektüre des Kannibalismus zu der Feststellung, dass der Roman die Kannibalen auf der Basis der gemeinsamen Natur mit Europäern gleichsetze, aber wegen ihrer Degenerierung als „anders" beschreibe, und diese Dynamik setze Defoe zur Rechtfertigung des Kolonialismus als Zivilisierungsprojekt ein.

Doch man sollte stattdessen auch stärker Crusoes Verunsicherung der Identität in den Blick nehmen: Ebenso wie bei Crusoes Konstruktion der Überlegenheit über Xury wird bei den Assoziationen zum Fußabdruck der Blick auf die Mechanik der arbiträren kolonialen Identitätskonstruktion frei und Crusoes Ausschlussstrategie klar erkennbar. Das Resultat ist, dass sich die, mit Tiffins (1989: 39) Worten, „Fixiertheit" der Alterität mit dem Aufscheinen der „Unstimmigkeiten von Europas eigenen kognitiven Codes" lockert. Zwar gilt ein Kannibale Crusoe im Vergleich zum Teufel als „noch gefährlichere Kreatur" (*RC* 123), doch diese zeitweilige Hierarchisierung möglicher Urheber der isolierten Spur verweist ebenfalls auf Crusoes Strategie, zur Stabilisierung seiner vom Anfang des Romans an instabiler Identität etwas gänzlich anderes als Kontrast heranzuziehen und seine Überlegenheit darüber zu behaupten.

Doch dies Unterfangen schlägt fehl und erleidet damit dasselbe Schicksal wie die vorherige symbolische Gleichsetzung afrikanischer und karibischer Einheimischer mit Tieren, noch vor Crusoes Schiffbruch (*RC* 21; 35). Im Gegensatz zur Auffassung von Markman Ellis (1996: 46) wird dabei der Kannibalismus bereits früh in den Text eingeführt. Auch diese Alteritätskonstruktion geht mit einer ähnlich paranoiden Angst einer wie die Erzählung von den Kannibalen und erweist sich ebenso offensichtlich als Teil der eigenen Selbststabilisierung des vermeintlich überlegenen Europäers. Und die Widersinnigkeit und letztlich den Zusammenbruch dieser Konfrontation von Identität und Alterität zeigt der Text selbst im Bereich des Phänotypischen, wenn er die scheinbar harte Dichotomie aufweicht, die Crusoe konstruieren möchte. So ist Freitags Aussehen nicht das eines Wilden, das sich deutlich von dem des Europäers Crusoe abgrenzen ließe. Die wohlwollende Beschreibung des Insulaners trägt nicht nur deutliche Züge des homoerotischen Begehrens, sondern stellt auch die Alterität in Frage, die der Legitimation der Machthierarchie zwischen den beiden dient. In einer Reihe von Negationen setzt der Erzähler Freitag auffällig von indigenen amerikanischen und afrikanischen Völkern ab. Auch sei er zwar indigen, aber er besitze gerade „kein wildes und grobes Äußeres," sondern vielmehr „im Aussehen die Liebenswürdigkeit und Weichheit des *Europäers*" (*RC* 162). Wenn damit Freitag nicht den Erwartungen an Alterität entspricht, so gilt dies ebenfalls für die Identität Crusoes.

Ausführlich beschreibt der europäische Schiffbrüchige nämlich sein Aussehen als so verändert, dass er gar lächeln muss, wenn er sich in seinem Aufzug in Yorkshire vorstellt (*RC* 118 f). Seine äußerliche Veränderung geht so weit, dass er nicht nur seine Gesichtsfarbe mit der von Mulatten gleichsetzt und seinen Bart mit dem der Türken vergleicht, denen er in Sallee begegnete. Er bezeichnet seine Gesichtsbehaarung sogar typographisch hervorgehoben als „mohammedanisch," obwohl er, wie er zugleich bekennt, Schere und Rasiermesser besitzt und damit ein europäisches Aussehen wahren könnte: „[V]on diesem Schnur- oder Backenbart behaupte ich nicht, er sei lang genug gewesen, meinen Hut daran zu hängen; aber seine Länge und Form war hinlänglich ungestalt und so, dass er in *England* als grässlich gegolten hätte" (*RC* 119). Diese Schilderung des eigenen skurrilen Äußeren mag dem erzählerischen Ziel untergeordnet sein, Komik zu erzeugen, aber das Mittel dieser Strategie ist die tiefe Verunsicherung. Diese kann nicht ausbleiben, wenn Crusoe sich selbst dazu bekennt, den Phänotyp des Europäers hinter sich gelassen zu haben und in den Bereich des Hybriden vorgedrungen zu sein, in dem die okzidentalen Codes fragwürdig geworden sind.

Der Text löst gar die selbststabilisierende Dichotomie zwischen Crusoe und Einheimischen in der Säure einer nachgeschobenen Spezifizierung auf, wenn der Schiffbrüchige erwägt, all seine Spuren auf der Insel zu tilgen, so dass Besucher keinen Verdacht von Besiedlung hegen können: „Alles in allem schloss ich, [...] dass es meine Aufgabe war, mich unter allen Umständen vor ihnen zu verbergen und ihnen nicht das winzigste Zeichen zu geben, aus dem sie hätten erraten können, dass auf dem Eiland irgendwelche lebenden Kreaturen waren; *ich meine solche von menschlicher Gestalt*" (*RC* 137; meine Hervorhebung). Die Selbstkorrektur des Erzählers gibt einen Hinweis auf die unbewusst erfolgte Gleichsetzung Crusoes mit den Tieren seiner Insel, was bei Crusoes vorheriger Anordnung von Tieren und Einheimischen auf einer Ebene dem Aufgeben seiner Abgrenzungspolitik gleichkommt. Zwar zeigt er nach anfänglicher Abscheu, dass er naturreligiösen Vorstellungen gegenüber tolerant sein kann, aber seine Behandlung von Freitag als Diener basiert auf der zur Schau gestellten Überlegenheit, die von dieser unfreiwilligen Semantisierung der Tiere konterkariert wird.

Freitags Widerstand _____ Streit

Freitags Widerstand　　　――――――――――　Streit

**Die symbolische Revolte Freitags**

Auch wenn der der Ich-Erzähler von *Robinson Crusoe* unüberwindbar Widersprüche in das Kolonialprojekt einschreibt, heißt dies keineswegs, dass der Roman subversiv ist. Jahrhundertelang wurden diese vorhandenen Aporien ausgeblendet, und erst der kontrapunktischen Lektüre gelingt der Nachweis, wie brüchig die Selbstermächtigung, die Selbstüberhöhung in Verbindung mit Herabsetzung des anderen und der vorbildliche Charakter der eigenen Zivilisation sind. Als Pendant zu dieser Widerständigkeit der Erzählung lässt sich jedoch mit Edward Saids (1993: 78 f) Blick auf den „anti-imperialistischen Widerstand" auch herausarbeiten, dass in den Roman eine Figur eingeschrieben ist, die den Kolonisten und dessen gleichsam natürliche Versklavung Indigener wie Xury und Freitag attackiert. Diese Figur ist Freitag selbst. Entgegen der Diagnose John Richettis (1975: 56), Freitag sei zwar eine Gegenfigur zu Crusoe, aber „gezähmt," besitzt dieser auch nach seiner Unterordnung ein kritisches Potential. Und bei der Entfaltung dieser rebellischen Haltung ist die Figur nicht auf sich allein gestellt. Vielmehr unterstützt ihn dabei der Erzähler, der damit die Interessen von Crusoes Kolonisten-Ich unterläuft. Dabei geht es nicht nur darum, dass Freitag trotz aller Umerziehungsanstrengungen Crusoes, wie es schon Watt (1957: 69) als Beleg für das Scheitern von Crusoes Bemühungen feststellt, auch noch nach Jahren kein lupenreines Englisch, sondern immer noch Pidgin spricht. Vielmehr geht es um konkrete Handlungen.

Als Crusoe mit Freitag und einem weiteren Diener von Portugal über die Pyrenäen nach Frankreich reist, erschießt Freitag einen Wolf, der ihren Führer angreift. Diese Episode ist zwar kurz, doch die Erzählung macht aus ihr einen Triumph des Ureinwohners der

Karibik. In komplexer Verschachtelung von Zusammenfassung, Erläuterungen in jeweils neuen Kontexten sowie Vor- und Rückblenden benennt der Erzähler nicht weniger als siebenmal den lebensrettenden und damit heldenhaften Schuss (*RC* 229 f). Die anschließende Schilderung davon, wie Freitag einen Bären tötet, geht hingegen noch weiter. In der ausführlichen Szene provoziert Freitag mit einem Steinwurf einen friedlichen Bären, ihm auf einen Baum zu folgen und lässt sich dann von einem Ast herab, um den Bären zu erschießen, als dieser am Stamm nach unten klettert. Diese Szene ist vom erneuten, und damit achten (*RC* 231) Bezug auf die vorangegangene Heldentat begleitet und mündet in den offenen Konflikt zwischen Crusoe und Freitag.

In ihrer Analyse von Coetzees Roman *Foe* streicht Spivak (1999: 187) heraus, dass Freitag in der Szene mit dem Bären zum letzten Mal in *Robinson Crusoe* auftritt. Nachdem er die Sprache seines Herrn gelernt habe, die Arbeiten des Herrn verrichte und sich diesem unterworfen habe, erkenne er die Überlegenheit der abendländischen Kultur an. In der Begegnung mit dem Bär sieht die Philosophin eine Gelegenheit für ihn nach seiner Domestizierung, erneut seine eigene Wildheit zum Ausdruck zu bringen. Wenn er aber mit der Tötung diese Wildheit überwinde und in der Inszenierung die Weißen zu Zuschauern degradiere, befinde er sich schon „auf dem Ausweg aus seiner Marginalität." Beim genauen Blick auf diese Szene lässt sich diese These nicht nur erhärten. Vielmehr muss man sie so weit zuspitzen, dass sich an dieser Stellen von einem allenfalls leicht verdeckten Versuch zur Revolte von Freitag sprechen lässt. Dies zeigen der Anfang der Szene, der gesamte Verlauf und die tiefere Symbolik. Zwar kündigt Freitag bei seinem „Spiel" mit dem Bären immer wieder ein komisches Finale an; aber die Beteiligten lässt er im Unklaren über den Sinn seines Handelns, und zwar eines Handelns, das alle, einschließlich seines Herrn, in Lebensgefahr bringt. Damit wendet Freitag die Taktik der Verschleierung, mit der Crusoe beim Abschuss des Papageien seine Macht über ihn durchgesetzt hat, gegen die Europäer.

Freitags Widerstand — Streit

Sicherlich zahlt Freitag mit der Provokation des Bären seinem Herrn auch die Gefährdung heim, in die jener ihn bei Freitags Gefangennahme auf der Insel gebracht hat, als er den bereits seinen Häschern Enteilten zurückholt, um ihm das „Leben zu retten." Auch wiegt der Roman nicht etwa lediglich eine Gefährdung spiegelgleich gegen die andere auf. Dazu sind die Konsequenzen viel zu ungleich, da Crusoe sich die materielle Unterordnung Freitags dauerhaft sichern kann, wohingegen Freitags Provokation des Bären keine solche physische Konsequenz nach sich zieht. Vielmehr entfaltet sich die gesamte Wirkung der Szene mit dem Bären auf der symbolischen Ebene.

Die Situation innerhalb der Reisegruppe droht bereits zu eskalieren, als Freitag den Bären anlockt und Crusoe ihn daraufhin zunächst mit *„Du Narr"* und dann mit *„Du Hund"* beschimpft: „Geh fort und nimm dein Pferd mit, damit wir die Kreatur erschießen können" (*RC* 231 f). Sicherlich fragt der Diener seinen Herrn um Erlaubnis, ob er den Bären attackieren darf. Doch auch damit erkennt er nicht etwa dessen Macht an, sondern im Gegenteil: Er setzt sich hemmungslos über Crusoes Wünsche hinweg, als ihm dieser den Angriff unzweideutig verbietet und ihn gar beschimpft, so dass auch der berichtende Ich-Erzähler noch seinem Zorn über das Handeln Ausdruck verleiht. Freitags Vorgehen ist nicht weniger als ein Akt der Revolution im Verhältnis zwischen Herr und Knecht.

Dass sich Freitag damit außerhalb der okzidentalen Norm und Metaphysik stellt, wird daran deutlich, dass sich der Südamerikaner dazu höheren Beistand erfleht: Als er zum Beginn seines Kampfes dreimal hintereinander „*O, O, O!*" ruft (*RC* 231), äußert er damit nicht etwa Furcht oder Erschrecken, sondern betet zu seinem Gott Benamuckee, und damit zu dem heidnischen Gott, dessen Verehrung ihm Crusoe austreiben wollte – vergeblich, wie sich an dieser Stelle zeigt.

Ähnlich wie der Inselherrscher Prospero in Shakespeares *Der Sturm* (1611 / 1987: I, 2, 362 f) bei dem Vorhaben versagt, dem kolonialen Objekt die englische Sprache beizubringen – „Du hast mich Sprache gelehrt, und mein Ertrag davon ist, dass ich zu fluchen weiß" [Orig.: „You taught me language, and my profit on 't. / Is I know how to curse."] – so zeigt sich auch Crusoe gegenüber Freitag derselben Aufgabe nicht gewachsen. Wenn jedoch Sprache als zentral für die koloniale Mission verstanden werden kann, so gilt dies umso mehr für die heilige Sprache der Religion. Zwar leitet Shannon Reed (2012: 157) aus der ersten Beschreibung Freitags im Roman ab, dass er als „Chiffre" erscheine, als „perfekte, leere Schiefertafel," aber am Ende des Textes zeigt sich, dass *Robinson Crusoe* die Entwicklung gänzlich anders zeichnet: Wenn sich Freitag damit während seines letzten Auftritts diskursiv zu seinem eigenen Stamm zurückbegibt, hebt der Text an seinem Ende die vorherige Entwertung der südamerikanischen Metaphysik auf und schreibt in die Struktur der Handlung eine kämpferische Alternative zum christlichen Gott ein.

Daher ist Freitags Herausforderung des Bären weder unüberlegt, noch Spielerei, und wenn sie eine Showeinlage ist, dann zu einem semiotischen Zweck. Es geht darin um einen symbolischen Kampf zwischen seinem alten Kannibalen-Stamm und dem „zivilisierten" Europa. In die Repräsentation der kämpferischen Überlegenheit ist die Gewissheit eingeschrieben, dass Freitag die eigenmächtige Grausamkeit, mit der er den Bären massakriert, auch gegen die Europäer wenden könnte. Und diese Wendung ist in seinem Handeln auf einer weiteren symbolischen Ebene präsent: Der Erzähler vermenschlicht den Bären nämlich bereits eingangs in seiner Verhaltensschilderung, spricht ihm einen Ehrbegriff und Satisfaktionsbedürfnisse zu und macht ihn ausdrücklich zu einem „Gentleman" (RC 230).

Auf dieser symbolischen Ebene greift Freitags Handlung an. Als der Karibe den Bären anspricht, simuliert er eine Provokation unter Gentlemen und behauptet in der demütigenden Paraphrase eines Duells, ihn „tanzen" lehren zu wollen. Diese Vermenschlichung nimmt der Erzähler erneut auf, wenn er das Verhalten des Bären in Freitags Sinn schildert: „ganz so als habe er verstanden, was er [Freitag] gesagt hatte, kam der Bär etwas weiter auf ihn zu" (232).

Dabei ist der Gentleman, den Freitag mit Beleidigungen zum Duell fordert und zur Strecke bringt, auf der symbolischen Ebene niemand anderer als Crusoe.

Das unterstreichen zwei Wortspiele, denn Freitag erlegt den Bären mit einem Schuss ins Ohr und lenkt mit dieser Metonymie die Aufmerksamkeit auf die Nähe der Signifikanten „ear" und „bear." Und diese Verbindung verlängert sich im Text noch weiter und schließt Crusoe ein, wenn man sich vergegenwärtigt, dass Crusoe sich einen Backenbart wachsen lässt und für Freitag alle Europäer bärtige Männer, nämlich „bearded men" (177) sind. In der Bärenhatz-Szene bringt dies Wortspiel im Sinn von Saids „antiimperialistischem Widerstand" (2003: 78 f) des Textes *Robinson Crusoe* die koloniale Spannung zur diskursiven Entladung und lässt den kolonisierten Underdog über den Erzkolonisten triumphieren, als Freitag zugleich mit dem Bären alle Europäer bezwingt.

Es ist gleichsam ein Stereotyp der Urteile über *Robinson Crusoe*, dass eine poetische Sprache Daniel Defoes Sache nicht ist. Doch der Mehrwert der sprachlichen Dürre wird gerne übersehen: Der Stil des von Defoe etablierten Kolonialdiskurses suggeriert Transparenz sowie Crusoes akribische Genauigkeit und absolute Planungssouveränität, ungeachtet der Auslieferung an die klimatischen und topographischen Bedingungen. Das deutlichste Zeichen dieses auch diskursiven Kontrollanspruchs ist das Tagebuch, in dem der Autor durch das Buch im Buch die Suggestion von Objektivität und damit die Glaubwürdigkeit seines Erzählens erhöhen möchte. Doch diese zur Schau gestellte Transparenz geht mit den aufgezeigten Widersprüchen Hand in Hand.

Mit den vorgestellten Überlegungen wird deutlich, wie vielschichtig und auch widerspenstig sich die koloniale Dimension von *Robinson Crusoe* vor dem Hintergrund von Edward Saids und Homi Bhabhas Überlegungen zur Repräsentation des Kolonialismus darstellt. Doch damit ist das Potential des Textes freilich lange nicht erschöpft. Noch genauere Beachtung verdienen etwa die Sprache Freitags, die Charade der Macht, die Crusoe den Meuterern vorspielt, und der Einsatz der Religion während des Kolonialismus. Zusammen mit dem von Defoe innerhalb weniger Monate nachgeschobenen zweiten Teil bietet *Robinson Crusoe* damit eine Fülle weiterer Ansatzpunkte für die Untersuchung des für die Postkolonialismus-Forschung zentralen kolonialen Denkens. Zu solchen weiterführenden Forschungen gehört auch die Arbeit an der Rezeption von Defoes Roman, etwa in dem oben genannten Roman *Moses Ascending* von Samuel Selvon, der mit der Transparenz des Erfinders des Romans nichts im Sinn hat. Während Simona Corso (2011: 29) karnevaleske Dimension dieses Romans herausstreicht, ist es ebenso bemerkenswert, wie Selvon als Jongleur eklektizistisch eingesetzter Stilebenen laufend die Sprache als Vehikel zum Transport des Erzählten in den Vordergrund schiebt. Damit kann der Roman auf den Strategien zur Durchsetzung des Kolonialdiskurses in Defoes Werk aufbauen, sie *en passant* bloßstellen und in einem stilistischen Eklektizismus, der seinesgleichen sucht und der Untersuchung harrt, zugleich beschämen.

## Literatur

Bhabha, Homi K. 1994. *The Location of Culture*. London und New York: Routledge.

Blewett, David. 1989. „Introduction." In *Daniel Defoe. Moll Flanders*. Hg. David Blewett. 1-24. London, New York et al.: Penguin.

Coetzee, J. M. 1986. *Foe*. London: Secker and Warburg.

Coppola, Francis Ford (dir.). 2001. *Apocalypse Now Redux*. Michael Herr, John Milius und Francis Ford Coppola (writ.); Vittorio Storaro (cine.); Carmine Coppola (music.); Starring: Marlon Brando (Lieutenant Kurtz), Robert Duvall (Lieutenant Kilgore), Dennis Hopper (anonymous American Photographer), Martin Sheen (Captain Willard). Studio Ufa/DVD.

Corso, Simona. 2011. „Robinson's Adventures in a Hybrid World." In *Forms and Figures in Literature and the Visual Arts*. Hg. Vanessa Guignery, Catherine Pesso-Miquel und François Specq. 21-30. Newcastle upon Tyne: Cambridge Scholars.

Culleton, Claire A. 1994. *Names and Naming in Joyce*. Madison: University of Wisconsin Press.

Defoe, Daniel. 1719 / 2001. *Robinson Crusoe*. London, New York et al.: Penguin.

Deane, Seamus. 1990. „Introduction." In *Nationalism, Colonialism, and Literature*. Hg. Seamus Deane. 3-19. Minneapolis: University of Minnesota Press.

Foucault, Michel. 1988. „Was ist ein Autor?" In: Michel Foucault. *Schriften zur Literatur*. 7-31. Frankfurt: Fischer Taschenbuch.

Furbank, P.N. und W.R. Owens. 1998. *A Critical Biography of Daniel Defoe*. London: Pickering and Chatto.

Greenblatt, Stephen. 1988. *Shakespearean Negotiations: The Circulation of Social Energy in Renaissance England.* Oxford: Clarendon.

Hulme, Peter. 1998. „Introduction: The Cannibal Scene." In *Cannibalism and the Colonial World.* Hg. Francis Barker, Peter Hulme und Margaret Iversen. 1-38. Cambridge und New York: Cambridge University Press.

Keane, Patrick J. 1997. „Slavery and the Slave Trade: Crusoe as Defoe's Representative." In *Critical Essays on Daniel Defoe.* Hg. Roger D. Lund. 97-120. New York: G.K. Hall.

Liebs, Elke. 1977. *Die pädagogische Insel: Studien zur Rezeption des Robinson Crusoe in deutschen Jugendbearbeitungen.* Stuttgart: J. B. Metzler.

Lovett, Robert W. 1991. *Robinson Crusoe: A Bibliographical Checklist of English Language Editions (1719-1979).* New York, Westport und London: Greenwood.

Markman, Ellis. 1996. „Crusoe, Cannibalism and Empire." In: Robinson Crusoe: *Myths and Metamorphoses.* Hg. Lieve Spaas und Brian Stimpson. 45-61. New York, St. Martin's Press.

Morris, Mervynn. 1984. „Introduction." In: Samuel Selvon. *Moses Ascending.* vii-xviii. Oxford: Heinemann.

Novak, Maximilian E. 2001. *Daniel Defoe, Master of Fictions: His Life and Ideas.* Oxford: Oxford University Press.

Obeyesekere, Gananath. 1992. „ ‚British Cannibals': Contemplation of an Event in the Death and Resurrection of James Cook, Explorer." *Critical Inquiry* 18: 630-54.

Pearlman, Elihu. 1976. „Robinson Crusoe and the Cannibals." *Mosaic* 10: 39-55.

Petzold, Dieter. 1982. *Daniel Defoe*: Robinson Crusoe. München: Wilhelm Fink Verlag.

*RC*      Siehe: Defoe, Daniel.

Reed, Shannon L. 2012. „Crusoe's Friday." In *Inhabited by Stories: Critical Essays on Tales Retold*. Hg. Nancy A. Barta-Smith und Danette DiMarco. 154-172. Newcastle upon Tyne: Cambridge Scholars.

Reinhold, Heinz. 1978. *Der englische Roman im 18. Jahrhundert: Soziologische, geistes- und gattungsgeschichtliche Aspekte*. Stuttgart, Berlin et. al.: W. Kohlhammer.

Richetti, John J. 1975. *Defoe's Narratives: Situation and Structures*. Oxford: Clarendon.

Said, Edward W. 1993. *Culture and Imperialism*. New York: Knopf.

Seiler, Lutz. 2014. *Kruso: Roman*. Berlin: Suhrkamp Verlag.

Selvon, Samuel. 1984. *Moses Ascending*. Oxford: Heinemann.

Shakespeare, William. 1611 / 1987. *The Tempest*. Hg. Stephen Orgel. Oxford und New York: Oxford University Press.

Spivak, Gayatri C. 1999. *A Critique of Postcolonial Reason: Toward a History of the Vanishing Present*. Cambridge und London: Harvard University Press.

Stallybrass, Peter und Allon White. *Politics and Poetics of Transgression*. Ithaca: Cornell University Press, 1986.

Streit, Wolfgang. 2014. *Einführung in die Postkolonialismus-Forschung. Theorien, Methoden und Praxis in den Geisteswissenschaften*. Norderstedt: BoD.

Thieme, John. 1999. *Derek Walcott*. Manchester: Manchester University Press.

Tiffin, Helen. 1989. „Colonial Literatures and Counter-Discourse." In *The Post-Colonial Studies Reader*. Hg. Bill Ashcroft, Gareth Griffiths und Helen Tiffin. 95-98. London und New York: Routledge.

Todd, Dennis. 2010. *Defoe's America*. Cambridge et al.: Cambridge University Press.

Watt, Ian. 1957. *The Rise of the Novel: Studies in Defoe, Richardson, and Fielding.* Berkeley und Los Angeles: University of California Press.

**Namensregister**

Bhabha, Homi K. *16, 17, 27, 29, 42*
Bishop, Elizabeth *12*
Blewett, David *9*
Coetzee, J. M. *12, 38*
Corso, Simona *13, 42*
Culleton, Claire A. *10*
Deane, Seamus. *10*
Descartes, René *31*
Foucault, Michel *15*
Furbank, P.N. *14, 15*
Giraudoux, Jean *12*
Greenblatt, Stephen *23, 24*
Hobbes, Thomas *30*
Hope, A.D. *13*
Hulme, Peter *31, 32*
Joyce, James *13, 21*
Keane, Patrick J. *13, 14, 25*
Liebs, Elke *10*
London, Jack *19*
Lovett, Robert W. *9*
Markman, Ellis *34*
Martin, Charles *12*
Morris, Mervynn *12*
Novak, Maximilian E. *14, 15*
Obeyesekere, Gananath *32*

Owens, W.R. *14, 15*
Pearlman, Elihu *26, 33*
Petzold, Dieter *14, 30*
Raleigh, Sir Walter *15*
Reed, Shannon L. *13, 40*
Reinhold, Heinz *9*
Richetti, John J. *37*
Said, Edward W. *15, 13, 16, 17, 19, 21, 37, 41*
Seiler, Lutz *12*
Selkirk, Alexander *14*
Selvon, Samuel *12, 42*
Shakespeare, William *11, 23, 39*
Spivak, Gayatri C. *38*
Stallybrass, Peter *31*
Stevenson, Robert L. *18*
Streit, Wolfgang *14, 16, 17*
Thieme, John *11*
Tiffin, Helen *11, 12, 13, 16, 26*
Tiffins, Helen *33*
Todd, Dennis *27, 32, 33*
Tournier, Michel *12*
Walcott, Derek *11, 12, 13*
Watt, Ian *10, 13, 20, 31, 37*
White, Allon *31*

Zum Autor:

Wolfgang Streit unterrichtet in München.

Streit publiziert u.a. zu Michel Foucault, Oscar Wilde, W.B. Yeats, James Joyce, Seamus Heaney, Franz Kafka, Francis Ford Coppola und Francis Bacon.

Seine Forschungsschwerpunkte sind:
Irland-Forschung; Postkolonialismus-Forschung; Neostrukturalismus.

Zuletzt erschienen von ihm:
*Einführung in die Postkolonialismus-Forschung. Theorien, Methoden und Praxis in den Geisteswissenschaften.* Norderstedt: BoD (2014).

*Joyce/Foucault. Sexual Confessions.* Ann Arbor: University of Michigan Press (2005).